This awesome date keeper belongs to:

January

January

1

2

3

4

5

6

7

8

9

10

11

12

13

14

15

16

17

18

19

20

21

22

23

24

25

26

27

28

29

30

January

31

Notes

February

February

1

2

3

4

5

6

7

8

9

10

11

12

13

14

15

16

17

18

19

20

21

22

23

24

25

26

27

28

29

Notes

March

1

2

3

4

5

6

7

8

9

10

11

12

13

14

15

16

17

18

19

20

21

22

23

24

25

26

27

28

29

30

31

Notes

April

April

1

2

3

4

5

6

7

8

9

10

11

12

13

14

15

16

17

18

19

20

21

22

23

24

25

26

27

28

29

30

Notes

May

May

1

2

3

4

5

6

7

8

9

10

May

11

12

13

14

15

16

17

18

19

20

May

21

22

23

24

25

26

27

28

29

30

May

31

Notes

June

June

1

2

3

4

5

6

7

8

9

10

11

12

13

14

15

16

17

18

19

20

21

22

23

24

25

26

27

28

29

30

Notes

July

July

1

2

3

4

5

6

7

8

9

10

July

11

12

13

14

15

16

17

18

19

20

21

22

23

24

25

26

27

28

29

30

July

31

Notes

August

1

2

3

4

5

6

7

8

9

10

11

12

13

14

15

16

17

18

19

20

21

22

23

24

25

August

26

27

28

29

30

August

31

Notes

September

1

2

3

4

5

6

7

8

9

10

11

12

13

14

15

16

17

18

19

20

21

22

23

24

25

26

27

28

29

30

Notes

October

October

1

2

3

4

5

6

7

8

9

10

11

12

13

14

15

16

17

18

19

20

21

22

23

24

25

26

27

28

29

30

October

31

Notes

November

1

2

3

4

5

6

7

8

9

10

11

12

13

14

15

16

17

18

19

20

21

22

23

24

25

26

27

28

29

30

Notes

December

1

2

3

4

5

6

7

8

9

10

11

12

13

14

15

16

17

18

19

20

21

22

23

24

25

26

27

28

29

30

December

31

Notes

Notes

Notes

Notes

Notes

Notes

Notes